AF243256

POUR LES PETITS GARÇONS

PREMIÈRES LECTURES

SUR LES

CONNAISSANCES USUELLES

exigées au nouveau programme des

NOTIONS DE SCIENCES PHYSIQUES ET NATURELLES

SUIVIES DE RÉSUMÉS ET DE QUESTIONNAIRES

PAR

ALBERT DUPAIGNE (O I. P.)

Ancien élève de l'École Normale supérieure,
Agrégé des sciences physiques et naturelles,
Inspecteur de l'enseignement primaire à Paris.

PEU, MAIS BIEN

NOUS-MÊMES

NOS ANIMAUX — NOS VÉGÉTAUX

PARIS

LIBRAIRIE D'ÉDUCATION A. HATIER

33, QUAI DES GRANDS-AUGUSTINS, 33

PREMIÈRES LECTURES

SUR LES

CONNAISSANCES USUELLES

PREMIÈRES LECTURES

SUR LES

CONNAISSANCES USUELLES

exigées au nouveau programme des

NOTIONS DE SCIENCES PHYSIQUES ET NATURELLES

SUIVIES DE RÉSUMÉS ET DE QUESTIONNAIRES

PAR

ALBERT DUPAIGNE (O I. P.)

Ancien élève de l'École Normale supérieure,
Agrégé des sciences physiques et naturelles,
Inspecteur de l'enseignement primaire à Paris.

PEU, MAIS BIEN

NOUS-MÊMES

NOS ANIMAUX — NOS VÉGÉTAUX

PARIS

LIBRAIRIE D'ÉDUCATION A. HATIER

33, QUAI DES GRANDS-AUGUSTINS, 33

A LA MÊME LIBRAIRIE

A. DUPAIGNE. **Secondes Lectures sur les connaissances usuelles.** — *L'air, l'eau, les aliments.* — *Matières premières et matières ouvrées.* — *Les vêtements, le papier.* — *L'habitation, les métaux.*

A. BRÉMANT. **Les Sciences physiques et naturelles du Certificat d'études.** — *Questionnaires.* — *Résumés.* — *Sujets de rédaction.* — 5ᵉ édition. Cartonné, couverture imprimée, 1 fr. 20; reliure percaline, 1 fr. 40.

A. DUPAIGNE. **Arithmétique et Calcul mental (Cours élémentaire).**

A. DUPAIGNE. **L'Arithmétique du Certificat d'études.**

NOUS-MÊMES

Iʳᵉ LECTURE

L'Homme, maître de la Nature.

Pour être un jour des hommes capables et utiles, vous avez bien des choses à apprendre,

n'est-ce pas, sur tout ce qui vous entoure, sur tout ce qu'un chef de famille doit savoir pour diriger une maison?

Les années qu'on passe en classe n'y suffiraient pas : ce qu'on y tâche surtout de faire, c'est de vous apprendre... à apprendre.

Commençons par le plus important. De tout ce qui existe au monde, que mettez-vous au premier rang de votre attention et de vos affections? Votre père et votre mère, n'est-ce pas? vos frères et vos sœurs, les membres de votre famille, vos professeurs, vos camarades, tous ceux qui vous aiment, vous protègent, vous instruisent et vous aident.

Ceux qui nous aident, en travaillant pour nous, sont plus nombreux que vous ne pensez.

La terre est peuplée partout d'hommes comme nous, nos égaux, nos frères devant Dieu. Les hommes, qui ont la raison, la parole, les outils, sont tout à fait au-dessus des autres êtres vivants. Ils sont les maîtres de tout ce qui existe au monde, de toute la création ou de toute la *nature*, comme on dit.

C'est donc par l'homme, c'est-à-dire par nous-mêmes, que nous commencerons nos petites leçons sur la *nature*.

Résumé.

Les hommes, tous égaux devant Dieu, sont les êtres les plus parfaits de la création et les maîtres de la nature.

IIᵉ LECTURE

Les Yeux et la Lumière.

Si je vous demandais, cher enfant, ce que vous trouvez dans votre petite personne de plus précieux, de plus important à préserver, ne répondriez-vous pas : « Mes yeux ! »

On dit d'une chose pré-cieuse : « J'y tiens comme à mes yeux. » Et n'est-ce pas avec une grande compassion qu'on dit d'un homme qui n'y voit pas : « Pauvre aveugle! »

C'est que nos yeux nous font voir, nous font connaître tout ce qui nous entoure.

Nos yeux nous font *sentir la lumière* des objets lumi-neux ou éclairés. Sans lumière, nos yeux, même ouverts, ne voient rien. C'est ce qui arrive dans l'obscurité de la nuit bien complète, de la cave bien fermée

C'est le *soleil* qui nous éclaire pendant le jour, même quand il est caché par les nuages. Sa lumière traverse l'air qui est *transparent,* et les nuages qui sont *translucides.*

La nuit on est quelquefois un peu éclairé par la lune, qui reçoit sa lumière du soleil ; mais, dans les maisons, il faut allumer ce qu'on appelle des lumières : des chandelles, des bougies, des lampes, des becs de gaz.

Résumé.

Les yeux, organes de la vue, nous font sentir la lumière ; ils voient les objets lumineux ou éclairés

IIIᵉ LECTURE

Les Oreilles, le Son, la Musique.

Quand vous jouez à colin-maillard, vous avez les yeux bandés, et vous n'y voyez plus. Cependant

ne reconnaissez-vous pas que vos camarades sont là, qu'ils parlent, qu'ils rient? Vous les entendez, vous reconnaissez leur voix; c'est avec vos oreilles, n'est-ce pas?

Nos oreilles nous font connaître aussi ce qui nous entoure, mais autrement que les yeux. Elles nous font *sentir* le bruit, le *son*.

Lorsque les oreilles sont tout à fait bouchées,

ou malades, ou mal conformées, on n'entend plus, on est *sourd*.

Il y a des enfants sourds dès le premier âge, qui n'ont pas pu apprendre à parler, ce sont les pauvres petits *sourds-muets*.

Vous seriez bien malheureux d'être sourd, de ne plus pouvoir entendre parler vos parents et vos camarades; vous regretteriez aussi, j'en suis sûr, de ne plus pouvoir entendre la *musique*.

La musique est tout ce qu'il y a de beau et de charmant dans les sons. Nous aimons à entendre les instruments de musique, mais il est encore plus agréable d'entendre chanter de jolies voix, qui unissent de belles paroles à un beau chant.

Résumé.

Les oreilles, organes de l'ouïe, nous font sentir les bruits, entendre la parole et les sons de la musique.

IV⁰ LECTURE

La Main, la Peau, le Toucher.

Même les yeux bandés, même les oreilles bouchées, vous reconnaîtriez bien encore la présence d'un de vos camarades, ou la nature d'un objet, si vous pouviez y porter la main, en tâtant, comme vous dites; c'est encore une manière de sentir qu'on appelle le *toucher*.

Il faut qu'un objet vienne au contact de la *peau*,

qui recouvre notre corps, pour que nous sentions l'impression du toucher. Un endroit qui n'aurait plus de peau, une plaie, par exemple, ne sentirait qu'une douleur, sans nous en faire connaître la cause.

Mais c'est en dedans de la main et surtout à l'extrémité des doigts que le toucher est le plus précis et le plus fin. La moindre saillie, la moindre irrégularité d'une surface est sensible sous le doigt.

Les aveugles s'exercent au toucher pour remplacer la vue, et ils deviennent, avec le temps, très habiles, on peut presque dire qu'ils voient les objets avec leurs doigts.

Nous aussi, quand nous sommes « à tâtons » dans l'obscurité, nous pourrions « voir avec nos doigts », comme les aveugles. Il est bon de s'y exercer, afin de pouvoir aller la nuit, avec précaution, mais sans crainte, dans les endroits obscurs que l'on connaît bien, lorsqu'on y a affaire.

Résumé.

La peau du corps et surtout de la main nous fait sentir au toucher la f rme des objets.

Vᵉ LECTURE

Le Nez, l'Odorat.

« Qu'y a-t-il donc, Charles, au fond de cette bouteille ? Est-ce du vin ? Est-ce du cidre ? Est-ce du

vinaigre ? Est-ce du pétrole ? » — Que fait Charles ? Il met le nez au goulot de la bouteille, et il sent. « Maman, je suis sûre que c'est du vinaigre ! »

Voilà encore une manière de *sentir* ; il a même gardé pour lui, plus particulièrement, le mot général qui sert à tout ce qu'on sent.

Ce que Charles a senti ici, ce n'est ni la lumière ni le son, ni le toucher de ce qui est au fond de la bouteille, c'est *l'odeur*.

Quelque chose du liquide s'est mêlé à *l'air* qu'on respire, et en passant dans les cavités du nez a produit une impression sur la peau mince et humide qui les garnit.

L'odorat est une quatrième manière de sentir, un quatrième *sens*.

Les animaux, surtout le chien, ont l'odorat plus fin et plus exercé que nous. C'est à l'odeur qu'ils suivent la trace d'un gibier, et qu'ils reconnaissent un objet appartenant à leur maître.

Résumé.

L'odorat a pour organe la peau humide des cavités du nez qui nous fait sentir l'odeur des substances.

VIe LECTURE

La Bouche, le Goût.

Nous avons une cinquième manière de sentir et de reconnaître les choses : c'est de les goûter.

Pour être plus certain encore que sa bouteille contenait du vinaigre, Charles aurait pu en mettre un peu dans sa bouche, sur sa langue, qui en aurait mouillé son palais. Il aurait senti le goût du vinaigre.

Il y a des substances qui n'ont pas d'odeur et qui ont un goût, comme le sel et le sucre.

Les deux manières de sentir s'unissent pour déguster les aliments que nous avons dans la bouche, parce que le fond de la bouche s'ouvre dans le fond du nez et y conduit l'odeur de ce que nous mangeons.

La langue, de son côté, en remuant dans la bouche les aliments que l'on goûte, y exerce très finement le sens du toucher.

Mais prenons garde à ce que nous mettons ainsi dans notre bouche pour le goûter. Il y a parmi les choses que les enfants ne connaissent pas, et qu'ils ont le tort de porter à leur bouche, beaucoup de poisons dangereux qui peuvent tuer ou rendre malades ceux qui les goûtent.

On a vu de petits gourmands terriblement punis d'avoir trop *goûté*... à des choses défendues.

Résumé.

La langue et le palais nous font sentir le goût des aliments.

VIIe LECTURE

La Langue et la Parole : le Gosier et le Chant.

Nous avons deux yeux, deux oreilles, pourquoi n'avons-nous qu'une bouche ?

A un petit bavard, qui demandait cela à sa maman, savez-vous ce que la maman répondit? C'est qu'il faut beaucoup écouter, beaucoup regarder... et très peu parler.

C'est surtout avec les mouvements de la langue, dans la bouche, que nous modifions les sons pour

articuler la parole, pour prononcer. C'est pour cela qu'on appelle *langues* les différentes manières de parler des diverses nations.

Mais le son lui-même, nous le produisons avec le *gosier*, c'est-à-dire avec l'ouverture par où passe l'air de notre respiration, dans une sorte d'instrument de musique, de petite boîte que nous avons en avant du cou.

En classe, il nous faut apprendre à bien prononcer les paroles que l'on dit et que l'on chante.

Résumé.

Pour parler, nous modifions par les mouvements de la bouche et de la langue les sons produits dans le gosier.

VIIIe LECTURE

Les Aliments et le Sang.

Pour entretenir la vie, il faut se nourrir. Les substances qui peuvent nous nourrir, comme le pain, la viande, les légumes, les boissons, se nomment *aliments*.

Ce n'est pas ce qu'on avale, c'est ce qu'on digère qui nourrit. Il faut manger doucement, et bien mâcher ce qu'on mange. Il ne faut manger que lorsqu'on a faim, sous peine d'indigestion.

La *bouche* mâche les aliments, l'arrière-bouche

les avale, et l'*estomac* les digère, c'est-à-dire les rend liquides. Ce qui est digéré est alors absorbé par l'*intestin* et vient se mêler au *sang* pour le renouveler.

Le sang est le liquide rouge qui circule dans le corps pour en nourrir tous les organes.

C'est le *cœur* qui lui donne son mouvement : le cœur, l'organe central et le plus important du corps, travaille pendant toute la vie sans se reposer un instant. L'exercice et aussi l'émotion rendent ses battements plus rapides.

Résumé.

Les aliments digérés renouvellent le sang qui nourrit les organes et que le cœur fait circuler.

IXᵉ LECTURE

L'Air et la Respiration.

L'eau qui nous abreuve et nous lave, la nourriture qui nous soutient, nous sont certes bien néces-

saires, mais par intervalles ; tandis qu'il y a quelque chose de continuellement indispensable à notre vie, c'est l'*air* que nous respirons, l'air dans lequel nous vivons plongés comme le poisson dans l'eau.

Notre sang ne peut pas se passer d'air durant une seule minute, sans que nous nous sentions comme étouffés et perdions connaissance.

Si l'air ne nous était pas rendu, si notre respiration n'était pas rétablie au bout d'une dizaine de minutes, nous serions morts, *asphyxiés*.

C'est par les *poumons* que nous respirons.

Pour que notre sang y renouvelle sa provision d'air, notre poitrine se gonfle et se dégonfle comme un soufflet, et l'air y arrive en traversant le nez et la bouche.

L'air qui sort de nos poumons est devenu très mauvais à respirer. On serait bien vite malade, puis tué par l'asphyxie dans un petit espace trop bien fermé, une chambre, un wagon, et même dans la classe, si on ne renouvelait pas l'air par les portes et les fenêtres.

Il faut tout ouvrir en classe, portes et fenêtres, pendant qu'on joue dans la cour de recréation.

Résumé.

Nous respirons l'air par les poumons; l'air est continuellement nécessaire à la vie, et il faut le renouveler très souvent.

Xᵉ LECTURE

L'Exercice : Travail et Jeu.

Vous voulez grandir, n'est-ce pas? Vous voulez devenir forts et bien portants, avoir de bons bras qui ne craignent pas l'ouvrage, de bonnes jambes qui ne craignent pas la fatigue, sans compter la bonne humeur qui égaie et abrège la besogne ?

Pour cela que faut-il ? A la nourriture saine et

régulière, qui ne cause jamais d'indigestion, joindre l'exercice au grand air, qui donne le bon sommeil.

Quand vous exercez vos membres, vous, petits enfants, ce n'est pas encore pour faire un travail utile, ce n'est que pour jouer. Si le travail fortifie les grandes personnes, surtout celui des champs,

les jeux à courir et la gymnastique en feront autant pour vous.

La gymnastique, que vous aimez tant, parce que c'est une espèce de jeu en rang et en mesure, est faite pour rendre vos mouvements plus souples et plus précis, comme les grands jeux à courir sont faits pour vous donner l'adresse avec la force.

Résumé.

L'exercice fortifie le corps et entretient la santé. Les jeux à courir et la gymnastique donnent l'adresse avec la force.

NOS ANIMAUX

XIᵉ LECTURE

La Vie des Animaux.

A côté de nous, dans la nature, sont les animaux, dont la vie ressemble beaucoup à la nôtre. Beaucoup d'entre eux ont tout à fait les mêmes organes que nous, ne différant que par la forme.

Voici la vraie, la grande différence : chez eux tous ces organes sont construits pour la vie matérielle, et souvent mieux que les nôtres ; le cheval court mieux, le bœuf digère mieux, le chien sent mieux, l'oiseau de proie voit mieux que nous.

Mais nos organes, à nous, qui sommes faits à l'image de Dieu, seuls capables de le connaître et de l'aimer, sont construits pour la vie intelligente, pour l'usage de la raison ; et c'est notre raison qui nous a donné les moyens de soumettre tous les animaux et le monde entier.

La vie d'un seul homme est plus précieuse que celle d'une multitude d'animaux, et tous les jours, en effet, des milliers d'entre eux meurent pour nous, les uns pour nous nourrir, les autres pour nous servir.

Mais ils sentent la douleur comme nous, et c'est une cruauté que de les faire souffrir inutilement. Il faut les soigner comme de bons serviteurs.

L'enfant qui tourmenterait les animaux par jeu ou par caprice serait un méchant, un mauvais cœur.

Résumé.

Les animaux ont des organes de la vie assez semblables aux nôtres; mais ils n'ont pas la raison. L'homme, leur maître, a le droit de sacrifier leur vie à la sienne.

XIIᵉ LECTURE

Les Animaux sauvages et la Chasse.

Quelques animaux seulement sont à notre service. La plupart sont *sauvages*, c'est-à-dire que, réfugiés dans les endroits inhabités, ils vivent loin de nous et s'enfuient à notre approche. Tels sont le lièvre, le lapin des landes et des bruyères, le sanglier, le cerf et le chevreuil des forêts, le chamois des hautes montagnes.

Ils se nourrissent presque tous de plantes ; mais il y en a qui se repaissent de la chair des autres animaux. On les appelle des carnassiers, et les gros, des animaux *féroces :* tels

Chamois.

sont le lion, le tigre et la panthère des pays chauds, que des montreurs de curiosités nous font voir enfermés dans des cages.

En France, nous n'avons plus

Lion.

d'animaux féroces : s'il y en avait, ce seraient quelques rares ours bruns dans les hautes montagnes, et, près des grandes forêts, quelques loups mangeurs de moutons ; le renard, qui dévaste les basses-cours, et quelques petits carnas-

Fouine.

siers, fouines, putois, belettes, sont moins rares.

Les fables charmantes de La Fontaine vous feront connaître la plupart de ces animaux.

Ceux qui ne sont pas soumis, et qui gênent nos travaux des champs, disparaissent de plus en plus devant les hommes qui les *chassent*.

La chasse des animaux féroces a été pour l'homme un devoir ; mais aujourd'hui, dans les pays civilisés, on peut dire que leur destruction est achevée.

Ceux que l'on chasse encore, ce sont les animaux nuisibles, ou le gibier qui se mange et se vend au marché.

Il y a aussi des chasseurs par plaisir : c'est, au fond, un triste plaisir que celui de tuer de pauvres petites bêtes qui fuient et ne se défendent pas.

La chasse, en tout cas, est, pour les jeunes gens, une sorte d'exercice militaire rude et fortifiant.

Résumé.

La plupart des animaux sont sauvages ; il y en a quelques-uns, hors de France, qui sont féroces. Ceux qui sont nuisibles ou bons à manger sont poursuivis et tués par les chasseurs.

XIIIe LECTURE

Comment on rend les Animaux domestiques.

Si les animaux sauvages fuient notre présence, il en est d'autres, comme les chiens, les chats, les chevaux, les ânes, les vaches, les chèvres, qui, loin de s'éloigner à notre approche, obéissent à notre commandement, et accourent si nous les appelons. Leur travail, leurs produits, leur chair même sont à notre disposition. Ils habitent près de nous; ils sont de la maison : on les appelle les animaux domestiques.

Il ne faut pas croire que c'est d'eux-mêmes qu'ils se sont placés sous notre domination. Les chiens, les chevaux, etc., qui les ont précédés dans les temps reculés, ont été sauvages. Il a fallu les dompter, les habituer à nous, les dresser à nous rendre une foule de services.

Cheval.

C'est d'abord en leur donnant l'abri et la nourriture, puis par la douceur, par les caresses, par les bons soins qu'on est parvenu à s'attacher les animaux domestiques; la brutalité n'aboutit qu'à les rendre vicieux et méchants.

Le plus précieux et le mieux soumis des animaux domestiques de nos pays est certainement le *chien*.

Résumé.

Un certain nombre d'animaux, que nous avons domptés, protégés, nourris, dressés, sont devenus familiers, et s'appellent animaux domestiques.

XIVe LECTURE

Le Chien.

Voilà une bonne bête! voilà un vrai et fidèle domestique. Nous avons en lui non seulement un auxiliaire, mais un *ami* dévoué et intelligent.

Chien de Terre-Neuve.

Il est le seul animal qui prenne part à nos joies et à nos tristesses. Il semble même lire dans les yeux la pensée de son maître à qui, toujours soumis, il obéit sur un signe, sur une parole.

Le chien présente une grande diversité de races, qui diffèrent par la taille, le pelage, les formes et les capacités.

Chacune de ces races a ses aptitudes particulières. Ainsi, le chien de Terre-Neuve semble avoir pour mission de sauver les gens qui se noient; le chien d'arrêt, l'épagneul, le braque sont des chasseurs infatigables· le mâtin garde les fermes;

le chien de berger, les troupeaux; le chien
caniche, le plus in-
telligent de tous,
peut devenir un
admirable guide
pour le pauvre
aveugle.

Les chiens sont
malheureusement
sujets à une terrible
maladie, la rage,
que leur morsure peut communiquer. Il ne faut
jamais tourmenter aucun animal, mais surtout un
chien qui ne vous connaît pas, et qui pourrait
vous mordre.

Chien de berger.

Résumé.

Le chien est le plus dévoué et le plus précieux des
animaux domestiques. Il y en a de nombreuses races,
dont chacune a son emploi utile.

XVe LECTURE

Les Travailleurs.
Le Cheval, l'Ane, le Bœuf.

Le *cheval* est le plus beau des animaux domestiques. C'est aussi l'un des plus utiles : c'est le
travailleur. Lorsqu'il est robuste, gros, trapu, on

l'attelle à la charrue, au manège, aux plus lourdes charrettes ; lorsqu'il a des formes élancées, il trotte légèrement, attelé à d'élégantes voitures, ou porte de fringants cavaliers. Il est indispensable à la guerre, non seulement pour le transport des ca-

Cavalier.

nons et des munitions, mais pour la cavalerie, qui poursuit l'ennemi.

Autant le cheval est fougueux, autant l'*âne* est calme et patient. Il est étonnamment fort dans sa petite taille, étonnamment dur à la fatigue. Sa sobriété le fait rechercher des paysans trop pauvres pour nourrir un che-

Ane.

val. Bien traité, il est affectueux et docile. Il n'est entêté et hargneux qu'avec ceux qui le maltraitent.

Avec le cheval et l'âne, nous employons aussi, comme *bête de somme*, le *bœuf.*

Plus calmes et plus paisibles encore que les ânes, mais de forme bien plus vigoureuse et bien plus massive, « les bœufs vont deux à deux », attelés par les cornes à un joug, et tirant la charrue ou la charrette « d'un pas tranquille et lent ».

Le bœuf est moins heureux que le cheval et l'âne, on ne le laisse pas vivre longtemps. Après l'avoir fait travailler quelques années, on l'en-graisse par plu-

Une paire de bœufs.

sieurs semaines de repos, puis on le conduit à l'abattoir, d'où il nous revient à l'état de bifteck, de rôti et de pot-au-feu.

Résumé.

Le cheval, l'âne et le bœuf sont des animaux tra-vailleurs, des bêtes de somme.

XVI⁵ LECTURE

La Vache et le Lait.

A côté du bœuf est la bonne *vache*, sa sœur, la vache *laitière*, nourricière du genre humain.

A la campagne, une petite famille qui possède une vache peut être encore pauvre, mais non misérable. Pensez donc ! une vache à l'étable, c'est tour à tour des veaux, du lait, du beurre, du fro-mage : la vie assurée pour deux ou trois per-sonnes.

Le *lait* des vaches est une partie essentielle de notre nourriture ; il est même, pour les enfants, le meilleur de tous les aliments.

Vache.

Les fermières le recueillent dans des terrines bien propres, et le laissent reposer à la laiterie où il se recouvre d'une belle couche jaune de crème, que l'on bat dans la baratte pour faire du *beurre*. Le reste de la terrine se *caille* et le lait caillé égoutté dans des moules de paille ou de jonc, nous donne le *fromage* blanc.

Ailleurs, dans les grands pâturages des montagnes, les propriétaires qui ont des troupeaux de vaches s'associent pour réunir tout le lait, le faire cailler sans l'écrémer, l'égoutter, puis saler et cuire ce fromage dans des chaudières et le mouler en disques épais, qu'un homme soulèverait à peine, et

Moutons.

dont vivent des pays entiers. Le plus connu est le fromage de gruyère.

Dans les landes ou pâtures plus sèches sont des troupeaux de *moutons*. Le bon mouton, qui ne saurait ni vivre ni se défendre sans le berger et son chien, nous donne sa *laine* pendant sa vie, sa *chair* et sa *peau* après sa mort. Sa femelle, la *brebis*, d'où naissent les jolis petits *agneaux*, donne aussi du lait, avec lequel on fait le fromage de Roquefort et quelques autres.

Il y a aussi la *chèvre*, capricieuse, sauteuse, aimant les rochers

Chèvre.

et les escarpements, qui donne son bon lait si salutaire aux enfants.

Tous ces *bestiaux*, comme on dit, sont de vrais trésors à la campagne.

Résumé.

La vache donne son lait, d'où nous tirons le beurre et le fromage, et le mouton fournit sa laine. La chair des bestiaux sert à notre nourriture.

XVIIᵉ LECTURE

La Basse-cour. — La Poule.
Les OEufs.

Puisque les vaches et les moutons nous ont amenés à la ferme, entrons dans la basse-cour. Un

Basse-cour.

spectacle a-nimé va nous frapper les yeux. Ici, des dindons font la roue et marchent à pas comptés, balançant leur nez rouge; là, des canards barbottent dans une mare, fouillant la vase de leur large bec. Plus loin, des oies pa-taudes se suivent à la file.

Et de tous côtés sur le fumier, sur l'aire de la grange, sur le sol couvert de paille, à côté des coqs qui chantent fièrement : « Coquerico! » voilà des poules, des poules partout, qui picotent et qui gloussent : « Cott, cott, cott! » entourées de poussins et veillant d'un œil maternel sur leur petite famille.

Oh! les jolies petites bêtes! Et dire qu'un jour

on les mangera! oui, on les mangera sans pitié.

Ils sont si bons à la broche!

Nous ne mangeons pas seulement les poulets de la poule, nous mangeons aussi ses œufs, les œufs si nécessaires pour faire des omelettes! des crèmes!! des gâteaux!!!

Les poules et les œufs sont les produits les plus importants de la basse-cour.

Les canards et leurs canetons ne viennent que bien après, ainsi que les dindons.

Dans certains pays, les oies, que l'on mène par troupeaux en pâture, comme les moutons, peuvent devenir une ressource importante pour les petits cultivateurs.

Résumé.

On élève dans la basse-cour divers animaux utiles, mais surtout les poules dont nous mangeons les œufs.

XVIIIe LECTURE

Les petits Oiseaux. — Les Insectivores.

Les poules sont des oiseaux. Elles ont un bec, des plumes, des ailes! des ailes qui volent mal, c'est vrai; c'est même pour cela que nous les gardons si facilement chez nous.

Mais il y en a d'autres dont les ailes volent

bien, si bien qu'ils se moquent des enfants qui voudraient les attraper !... Pigeon vole !... Moineau vole !... Rossignol vole !... Hirondelle vole !...

Comme c'est joli un oiseau ! Comme cela doit être bon d'avoir des ailes !... de voyager dans l'air, en ligne droite, par-dessus les coteaux et les rivières !

Les oiseaux, voyez-vous, sont les enfants gâtés de la création, les plus actifs, les plus agiles, les plus forts pour leur taille.

On dit « un appétit de moineau » pour un petit appétit. On a tort : tous les oiseaux sont de forts mangeurs, sinon de gros mangeurs. Ils mangent si vite qu'ils n'ont pas le temps de mâcher; aussi n'ont-ils pas de dents. En revanche, ils ont un admirable estomac qu'on appelle *gésier*, épais, dur, qui broie le grain, les os, les coquilles. Le gésier des oiseaux digère, en quelques heures, plus gros qu'eux de nourriture.

Avez-vous vu quelquefois un nid d'oiseau, dans une haie? Comme c'est joli! comme c'est charmant de voir la mère distribuer la pâtée à tous ces petits becs tendus !

Protégez les nids, chers enfants! Empêchez autour de vous qu'on ne les détruise!

Il y a encore des cultivateurs qui tuent les petits oiseaux; ils ont tort et vous pouvez le leur dire, surtout pour ceux qui ne font que du bien, et gratis; pour ceux qui ne se nourrissent que d'insectes, comme les fauvettes et les hirondelles. Ceux qui mangent du grain, comme les moineaux, mangent encore plus d'insectes, qui auraient dévoré bien plus qu'eux; ils se payent de leurs services, mais on y gagne encore.

Il y a d'autres animaux mangeurs d'insectes et par conséquent utiles aux champs et à nos jar-

Chauve-souris.

dins, qu'on poursuit et qu'on tue, non plus parce qu'ils sont jolis comme les oiseaux, mais parce qu'ils sont laids. Belle raison! Les *chauves-souris*, les *hérissons*, les taupes, les musa-raignes détruisent nos en-

Hérisson.

nemis et ne font aucun mal.

Parmi les animaux rampants, il y en a un qu'il faut vous recom-mander: c'est le pauvre *crapaud*, qu'il ne faut pas toucher, parce

Crapaud.

qu'il est sale, mais qu'il ne faut pas tuer, parce qu'il est utile.

Les paysans anglais, qui sont malins, achètent les crapauds deux sous au marché et les mettent dans leurs potagers pour manger les limaces et sauver leurs choux.

C'est à vous, chers enfants, de défendre la cause de nos amis méconnus, les petits oiseaux si jolis, tout comme la chauve-souris et le crapaud si laids.

Résumé.

Les jolis petits oiseaux, qui ont de bonnes ailes et un grand appétit, sont utiles en détruisant les insectes. Il y a d'autres mangeurs d'insectes, moins beaux, qu'il faut protéger aussi.

XIXe LECTURE

Les Insectes.

L'ennemi, voyez-vous, chers enfants, l'ennemi du cultivateur, celui qui dévore et détruit tout, c'est l'insecte.

L'insecte, avant d'avoir des ailes et six pattes, commence par être un ver ou une *chenille*. Les vers et les chenilles sont créés pour manger tout, pour débarrasser la terre de tout ce qui a assez vécu et de tout ce qui est mort.

Chenille.

C'est bien pour les plantes sauvages, mais c'est fâcheux pour celles que nous cultivons, pour les moissons et les provisions que nous voulons garder, et que les vers envahissent souvent malgré tous nos soins.

Quand vous vous amusez avec un hanneton attaché par la patte, que vous faites voler en chantant : « Hanneton, vole, vole, vole ! », ne soyez pas étonnés si vos parents le tuent et vous envoient en chercher plein un seau pour les donner aux poules. C'est qu'ils savent que le brigand pondra des œufs et que ces œufs deviendront des *vers blancs* qui détruisent sous terre toutes les racines et font périr les récoltes.

Le hanneton est un insecte : beaucoup d'autres insectes attaquent le blé, les légumes, les fruits, les vignes, les arbres.

Les *papillons* si jolis sont des insectes

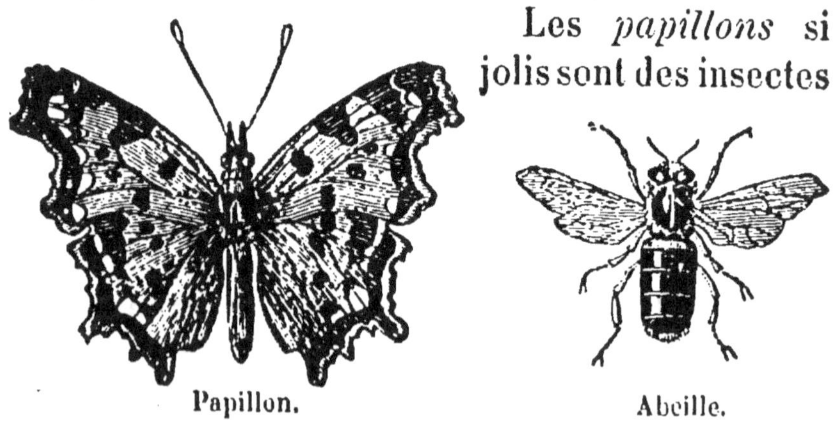

Papillon.   Abeille.

dont les œufs produisent les chenilles si dévorantes.

Il y a des insectes que nous ne détruisons pas

parce qu'ils nous rendent service en mangeant les autres, comme la jardinière, la demoiselle, la bête à bon Dieu.

Mais nous n'avons réellement utilisé, rendu vraiment domestiques que deux insectes ; ce sont : l'*abeille* qui nous fournit le miel et la cire, et le *ver à soie* qui fournit la plus belle de nos étoffes.

Nous en reparlerons ; mais, ceux-là, il n'est pas besoin de vous les recommander.

Ver à soie et son cocon.

Résumé.

L'insecte, qui est d'abord ver ou chenille, est créé pour dévorer et faire disparaître tout ce qui a eu vie sur la terre. Nous avons utilisé l'abeille et le ver à soie.

XXe LECTURE

Les Poissons.

Un proverbe a dit : Heureux comme un poisson dans l'eau !

Il est vrai que lorsqu'on pêche un poisson et qu'on le retire de l'eau, on le voit faire de violents soubre-sauts, se tordre et bientôt mourir.

Les poissons, comme tous les animaux aquatiques, sont bien organisés pour respirer de l'air, mais de l'air *dissous* dans l'eau.

Ce n'est pas par des poumons qu'ils respirent, mais par des lames frangées appelées *branchies*, que l'on aperçoit en soulevant leurs ouïes, et dont la couleur vermeille fait voir s'ils sont frais.

Les poissons, que poursuivent et prennent les *pêcheurs*, sont très nombreux dans la mer, il y en a aussi dans l'eau douce des lacs et des rivières.

La morue, le hareng, la sardine, le maquereau voyagent dans la mer en immenses troupes. De nombreux et assez grands navires partent, tous les ans, pour plusieurs mois, leur donner la chasse dans les mers lointaines.

Le turbot, la plie, la sole, la raie sont aussi des poissons ma-rins. La carpe, le brochet, le gou-jon, la truite, la perche sont des poissons d'eau douce.

Raie.

Ils fournissent une excellente nourriture plus facile à digérer que la viande, et c'est une bonne chose pour la santé qu'ils la rem placent une fois par semaine.

Toutes les bêtes de l'eau ne sont pas des pois-

sons. Il n'y a de vrais poissons que ceux qui ont une grande arête dans le dos.

Les homards, les crabes, les écre-visses, les crevettes, se rapprochent plu-tôt des insectes avec leur carapace et

Homard. — Écrevisse. — Crabe.

leurs pattes dures et nombreuses.

Les huîtres, les moules sont tout autrement faites : leur corps est mou, en-veloppé de deux coquilles, et

construit plutôt comme celui de la limace, ou comme celui du limaçon de nos jardins, qui n'a qu'une coquille enroulée.

Moule.

Il y a d'ailleurs encore dans la mer bien d'autres drôles de bêtes. Nous en reparlerons plus tard.

Voilà le printemps arrivé, il est temps de nous occuper des plantes et des fleurs.

Résumé.

Les poissons respirent l'air dissous dans l'eau. Les pêcheurs les attrapent pour que nous les mangions

Il y a des animaux inférieurs qui vivent dans l'eau et qui ne sont pas des poissons.

NOS VÉGÉTAUX

LA TERRE OU ILS POUSSENT

XXIᵉ LECTURE

Les Fleurs.

Oh! les fleurs! les belles fleurs du printemps!
Les pâquerettes et les boutons d'or des prés, les
primevères et les violettes des haies, les anémones
et les jacinthes des bois! Qu'elles sont jolies! Il y
a si longtemps qu'on ne voyait plus de fleurs!

Oui, mes enfants, les fleurs sont belles et vous
avez raison de les aimer; c'est pour vous que le bon

Dieu les a faites, autant que pour les papillons et les abeilles. Souhaitez, comme un bonheur de la vie, que votre travail vous donne un jour un jardin, et le loisir de le cultiver.

Vous dites que les fleurs sont admirables; vous le direz encore mieux quand vous les aurez regardées de près.

Compte-fils.

Myosotis grossi.

Prenons notre compte-fils, et grossissons cette petite fleur à laquelle vous ne faites pas attention, ce myosotis, ce mouron rouge, ce gaillet jaune, ces débris de pâquerette...

« Oh! direz-vous après avoir regardé à travers la lentille grossissante, les petites sont encore plus jolies que les grandes! »

Prenons-en maintenant une grande : une giroflée, une pensée, une épine blanche, au moment où le bouton va s'ouvrir, et examinons de quoi elle se compose : de plusieurs rangées en rond de petits organes pareils :

Corolle de la giroflée.

Étamines de la giroflée.

1° Par dehors une première enveloppe, ordinairement verte, qui recouvrait la fleur en bouton. On l'appelle *calice;*

2° Puis vient la seconde enveloppe, celle qui est colorée, qui est belle et qui sent bon : c'est la *corolle;*

3° Un cercle de petits sachets pleins d'une poussière jaune, portés chacun par une petite baguette : ce sont les *étamines;*

4° Enfin au centre un petit corps qui doit devenir le fruit : c'est le *pistil.*

Au bas du pistil, enfermés dans sa partie la plus épaisse, il y a comme de petits œufs qui deviendront des graines.

C'est qu'en effet, et c'est là leur grande utilité, *les fleurs deviendront des fruits,* quand les petits insectes, abeilles, mouches ou papillons, seront venus pour prendre le miel sucré qui est au fond de la fleur.

Les papillons et les mouches le mangent, ce miel, mais les abeilles le mettent en réserve pour nous.

Les jardiniers qui ont des ruches près de leurs arbres fruitiers ont toujours plus de fruits que ceux qui n'élèvent pas d'abeilles.

Résumé.

Les fleurs se composent d'un calice et d'une corolle, entourant des étamines et un pistil: celui-ci doit devenir le fruit renfermant les graines.

Certains insectes, surtout les abeilles, favorisent la production du fruit quand elles viennent chercher le miel au fond des fleurs.

XXIIᵉ LECTURE

Les Fruits et les Graines.

Le petit corps qui est au centre de la fleur pour envelopper et protéger les graines, grossit avec elles et mûrit au soleil : il est devenu un *fruit*.

Tous les fruits ne sont pas bons à manger : il y en a qui sont *vénéneux* et dont il faut se défier.

Parmi ceux qui sont bons à manger, il y a des fruits *charnus* et des fruits *secs*.

Les fruits *charnus* ont, autour de la graine, une chair sucrée, sous la peau extérieure, qui est imperméable comme du liège.

Autour de la graine, il y a souvent sous la chair une peau intérieure qui, dans les pommes, dans les poires, est une membrane mince et élastique. Mais, dans les cerises, les prunes, les pêches, les abricots, les amandes et les noix, cette peau épaissie devient une enveloppe de bois : le *noyau*, dans l'intérieur duquel est libre la graine.

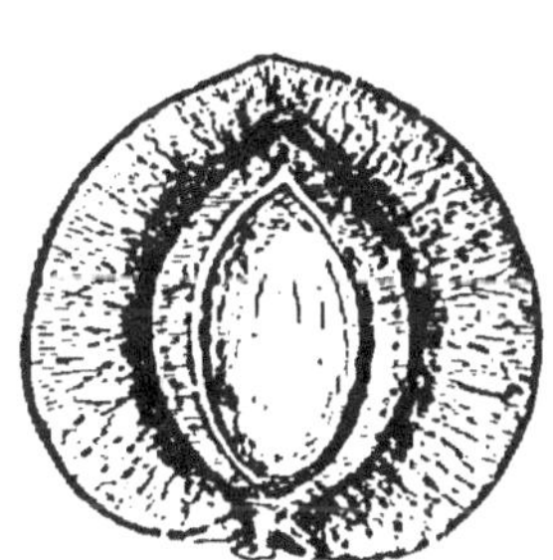

Abricot fendu.

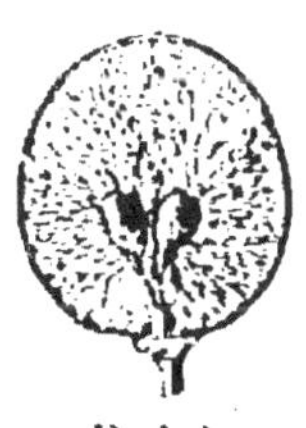

Raisin.

Dans les amandes et dans les noix, dont la chair extérieure est mauvaise, c'est la graine que nous mangeons.

Ce qu'on nomme les pépins dans les raisins, les groseilles et les dattes, ce sont également les graines, mais assez dures pour n'avoir pas eu besoin d'enveloppe.

Les fruits secs sont ceux où l'enveloppe de la graine est restée mince et perméable, et qui se dessèchent lorsqu'ils sont mûrs. Quand le fruit n'est pas mûr, quand il est encore vert, l'enveloppe est mince, mais elle est charnue. C'est ainsi que nous mangeons les haricots tendres et les petits pois « mange-tout ».

Le fruit sec, quand il est mûr, s'ouvre ordinairement de lui-même pour laisser sortir la graine : c'est ce qui arrive dans les pois, les haricots secs, le fruit des choux, etc.

Gousse du pois vert.

Silique du chou.

Celui du baguenaudier ne s'ouvre pas, quoique gonflé d'air ; on a l'amusement de le faire éclater en le pressant. Celui du pavot s'ouvre en haut comme par de petites fenêtres sous un toit.

Balsamine lançant ses graines.

Capsule du pavot.

Celui de la balsamine sauvage vous lance ses graines à la figure quand on le touche...

Ne confondons pas les vrais fruits secs avec les fruits en partie *séchés*, comme sont les prétendus raisins secs et les figues sèches des épiciers, qui sont, heureusement pour nous, encore assez charnus.

Résumé.

Les fruits, qui entourent et protègent les graines, peuvent être, quand ils sont mûrs, charnus ou secs.

Les fruits charnus, qui ont une peau imperméable, peuvent avoir des noyaux ou de simples pépins.

Les fruits à enveloppe mince et perméable deviennent secs quand ils sont mûrs. La plupart s'ouvrent d'eux-mêmes pour laisser échapper leurs graines.

XXIIIᵉ LECTURE

Comment poussent les Plantes : Racine et Tige.

Graines semées dans du coton humide.

Voici une expérience très intéressante qui va nous apprendre à quoi servent les graines. On a mis, il y a quelques jours, des graines de haricot, de cresson, de blé, sur du coton humide, dans ce verre, avec de l'eau au fond.

Que sont-elles devenues ? De petites plantes, les graines ont germé. Comment cela?

Regardez la plus jeune, celle qui a été semée la dernière ; la graine s'est ouverte, et il en est sorti quelque chose d'allongé qui s'est enfoncé tout droit vers la terre : c'est la racine.

En même temps, il est sorti en sens inverse un bourgeon qui produit des feuilles toutes petites, toutes frêles, et qui monte en l'air : c'est la tige.

Alors les deux moitiés de la graine sont montées aussi un peu, et nous

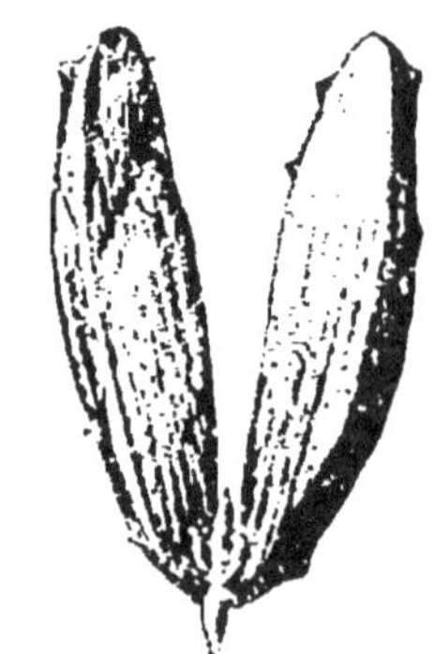
Graines
germées.

voyons qu'elles ont servi à nourrir la plante, puisqu'elles étaient très grosses et qu'elles sont devenues plates et ridées : ce sont les feuilles nourrices de la plante. Il n'y en a pas toujours deux : ainsi, voici du blé dont la graine ne s'est pas fendue ; il n'y a qu'une feuille nourrice, coiffant le bourgeon, et une provision de farine qui a nourri la jeune plante.

On voit très bien les parties de la graine dans une amande toute fraîche. Enlevons la petite peau jeune ; il y a au milieu une fente ; séparons par le gros bout les deux moitiés : elles sont légèrement attachées l'une à l'autre par l'autre bout qui est en pointe, et nous pouvons voir justement en

Grain de
blé germé.

Amande fendue.

cet endroit un petit bourgeon, avec une courte queue en dessous. C'est le petit bourgeon qui s'allongera en l'air et donnera la *tige*, et c'est la petite queue qui s'enfoncera dans la terre et en grandissant deviendra la *racine*.

Voyons dans nos plantes ce qu'est devenue celle-ci. Elle a poussé des rameaux, qui s'enfon-

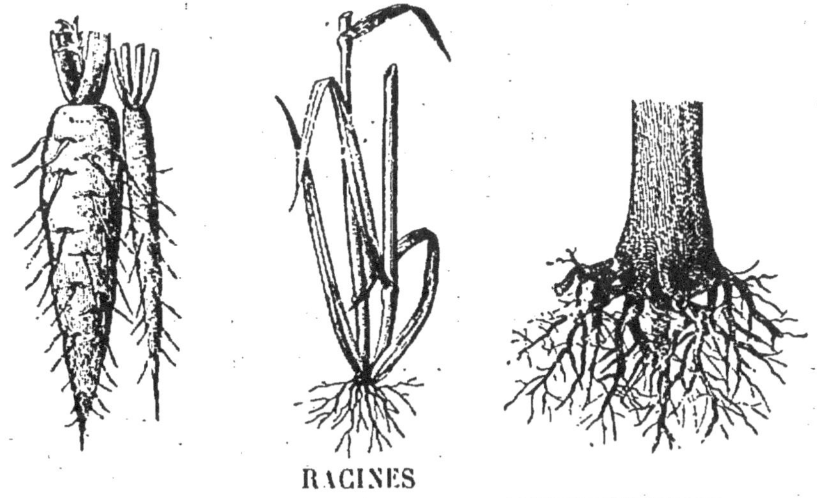

Carotte, salsifis   Plantes herbacées.   Arbre arraché.

cent aussi vers la terre ; c'est bien la forme que vous connaissez aux *racines*. Quand on fait un trou dans la terre d'un jardin ou d'un champ, on peut en voir beaucoup, plus ou moins grosses, toutes couvertes de filaments blancs ou gris.

Les racines ne servent pas seulement à tenir solidement les plantes pour que le vent ne les enlève pas; elles sont surtout utiles pour puiser, pour *boire* dans le sol la nourriture des plantes ; elles absorbent l'eau de la terre.

Pour cela, elles ont des poils très délicats et très fins, que nous pourrons voir ici en les grossissant avec notre compte-fils.

Et la tige ? C'est, vous le pensez bien, la partie la plus visible, le corps de la plante. Elle pousse ordinairement des *branches* en s'allongeant. On la reconnaît parce qu'elle porte des feuilles et des bourgeons.

Les feuilles naissent toujours des bourgeons. Vous en avez vu un petit dans l'amande ; vous pouvez en voir au printemps sur toutes les plantes, fins, délicats et d'un vert bien tendre.

La tige a beaucoup de grandeurs différentes. La *paille* de la petite herbe des champs, restée tendre, se dessèche et meurt à la fin de la saison, tandis que le *bois* des arbres reste vivant en hiver et s'épaissit tous les ans.

Maintenant que nous connaissons la tige, nous allons regarder les bourgeons et les feuilles.

Résumé.

La graine germe sur un terrain humide.

Elle donne naissance à la tige, qui s'élève dans l'air, et à la racine, qui s'enfonce dans le sol.

La tige et la racine sont enfermées toutes petites dans le corps de la graine qui contient une ou deux feuilles nourrices.

La racine boit l'eau de la terre par de petits poils et nourrit la plante.

La tige peut devenir de la paille ou du bois ; elle donne naissance aux bourgeons et aux feuilles.

XXIVe LECTURE

Les Feuilles.

N'avez-vous pas vu, en avril dernier, comme les bourgeons s'allongent au soleil du printemps; comme ils s'ouvrent à la chaleur et poussent chacun en se développant un rameau garni de jolies feuilles vertes ?

Qu'elles sont charmantes, ces petites feuilles tendres, fraîchement déplissées, qu'aucun insecte n'a encore entamées!...

Quelle variété dans leur forme!... Il y en a qui sont lisses sur leurs bords, comme celles du lilas, d'autres qui

Bourgeons.

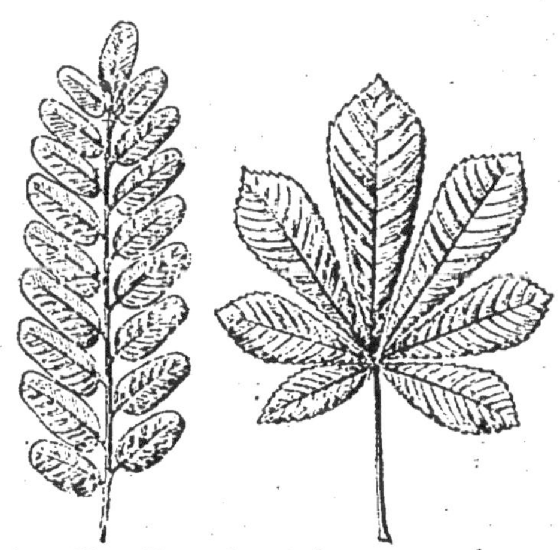

Feuilles de lilas et d'orme.   Feuilles d'acacia et de marronnier.

sont dentées, comme celles de l'orme. La plupart, comme celles-là, sont simples et d'une seule pièce ; mais il y en a qui sont composées de plusieurs petites feuilles ou folioles, comme celles de l'acacia, du rosier, du marronnier.

Il y en a de toutes découpées, comme celles du cerfeuil et de la carotte.

Il y en a qui sont en épée comme celles de l'iris, ou en ruban, comme celles du blé et de toutes les herbes, etc.

A quoi servent-elles?

Épanouies dans l'air, elles font des échanges avec lui comme les poumons des animaux : c'est surtout par les feuilles que les plantes respirent.

Feuilles de cerfeuil.

Feuille d'iris.

Par les feuilles aussi s'évapore l'humidité que les racines ont absorbée, de sorte que les arbres entretiennent l'humidité de l'air.

Mais surtout les feuilles verdissent, sous l'action de la lumière ; et cette verdure a une grande importance. C'est elle qui produit, tout en renouvelant et en purifiant l'air, de quoi nourrir la tige et tout ce qu'elle porte.

Les feuilles ont ainsi une des deux parts de la nutrition de la plante, les racines ayant l'autre.

Quand viendra l'automne, nous verrons les feuilles durcies, jaunies, roussies, souvent de très belles teintes ; elles se détacheront d'elles mêmes et elles tomberont : elles auront fini leur tâche et pourriront à terre pour engraisser le sol.

C'est une triste annonce de l'hiver que la chute

des feuilles, aux environs de la Toussaint. Il est vrai que vous trouverez encore moyen de faire des bouquets avec les belles feuilles lisses, jaunes ou rouges, tombées des platanes et des peupliers.

Mais toutes les feuilles ne tombent pas en novembre; il reste encore un peu de verdure dans la campagne : c'est qu'il y a des feuilles qui durent deux ans au moins, celles des arbres toujours verts.

Feuilles de platane
et de peuplier.

Vous connaissez parmi eux le laurier, le buis, le houx; on en met beaucoup d'autres, qui viennent de pays lointains, dans les parcs et promenades publiques.

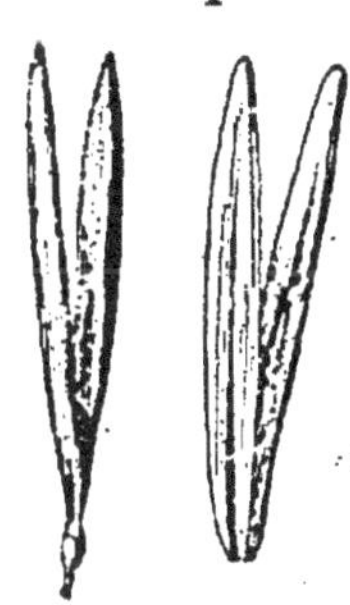

Il y a aussi de grands arbres verts qui viennent des pays du Nord ou des pays de montagnes; ce sont surtout les arbres résineux, à petites feuilles pointues comme des aiguilles, les pins, les sapins, les ifs, les cèdres, si grands, si beaux : vous savez bien qu'on en fait des arbres de Noël...

Feuilles de pin
et de sapin

mais nous avons le temps d'y penser.

Résumé.

Les feuilles des plantes ont des formes très variées. Elles servent à la respiration de la plante, à l'évaporation de son humidité, et leur matière verte, à la lumière du jour, produit, tout en renouvelant l'air, les substances nutritives du végétal.

Les feuilles tombent d'elles-mêmes à la fin de la belle saison. Dans les arbres toujours verts, elles sont plus épaisses et durent plusieurs saisons.

XXVe LECTURE

Les Forêts.

Il faut des forêts à un pays : c'est la protection contre la sécheresse; c'est la conservation du sol sur les rochers des pays de montagnes.

Ce sont les forêts qui nous fournissent le bois, bois de charpente, bois de menuiserie, bois à façonner, bois à brûler. Il faut, pour que nous ayons ces gros arbres qu'on abat, ces gros troncs qu'on débite à la scie, il faut qu'ils aient poussé tranquillement pendant cinquante, quatre-vingts, cent ans et plus.

On ne refait pas facilement une forêt dévastée; aussi les plus grandes appartiennent-elles à l'État et sont-elles entretenues, exploitées et gardées par les *forestiers*.

Dans nos grandes forêts, les arbres les plus précieux et les plus beaux, souvent aussi les plus nombreux, sont le *chêne* et le *hêtre*.

Le chêne a le bois le plus dur. Il a pour fruits les *glands*.

Le hêtre a un joli

Feuilles et glands du chêne.

Feuilles et fruit du hêtre.

feuillage touffu, et des petits fruits triangulaires qu'on appelle *faînes*.

Certains sols sont favorables aux *châtaigniers*, dont vous aimez tant les « marrons » rôtis, en hiver. Les sols plus arides portent les *bouleaux*, à l'écorce blanche et au menu feuillage. A tous ceux-là viennent se mêler souvent le grand et beau *sapin* et le *pin*, arbres résineux qui ont des feuilles en aiguilles. Sur

Feuilles et fruit du châtaignier.

bres résineux qui ont des feuilles en aiguilles. Sur

un sol plus riche viennent se mélanger les charmes,

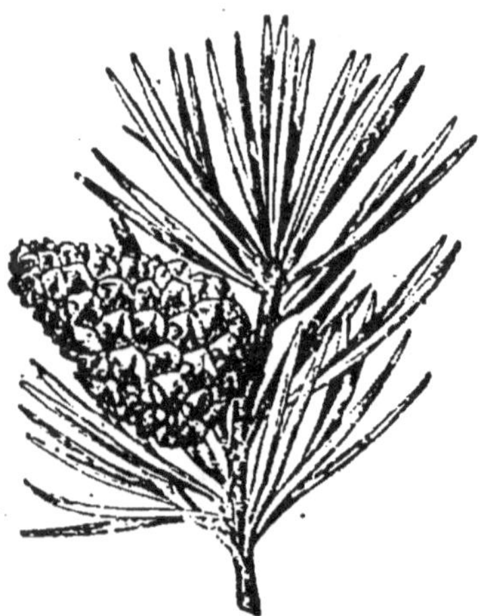

Cônes et feuilles
du pin.

Cône et feuilles
du sapin.

les frênes, les érables, les ormes.

Que de choses on fera avec le bois de tous ces grands arbres ! Que d'hommes seront occupés à l'exploiter !

Les bûcherons abattront les grands troncs, après avoir émondé les branches, qui fournissent

Forêt exploitée.

les fagots et les bûches du bois de chauffage ; une partie sera chauffée sur place pour fabriquer le charbon de nos cuisines.

Les troncs seront portés aux scieries qui les couperont en poutres pour les charpentiers ou en planches pour les menuisiers, en billots et d'autres manières pour les ébénistes, les tourneurs, les charrons, les boisseliers, les sabotiers, les tonneliers, etc.

Le bois est une des *matières premières* les plus précieuses de l'industrie.

Résumé.

Les forêts nous fournissent le bois. Elles sont nécessaires à un pays et sont conservées par l'État.

Les arbres mettent beaucoup d'années à pousser, et surtout à devenir ces gros troncs qu'on scie pour les métiers qui travaillent le bois ; les branches servent au chauffage ; on en fait aussi du charbon.

XXVIe LECTURE

Les Prairies.

Les forêts sont belles, mais peut-être un peu sévères, et les petits garçons préfèrent sans doute les belles prairies toutes couvertes de fleurs.

Quel plaisir de courir, de sauter, de s'asseoir sur l'herbe verte, qui est comme un tapis épais et moelleux !

Pour faire une prairie, il faut de l'eau, l'eau limpide d'une source ou d'un ruisseau, ou l'eau qu'on prend par de petits fossés à la rivière voisine.

C'est la prairie qui nourrit les bestiaux, richesse de la campagne. C'est elle qui fournit

Prairie.

pour ces bons serviteurs le foin qu'on lie en bottes et qu'on met au grenier pour la réserve du travail de l'hiver.

C'est une récolte gaie que celle du foin. C'est au grand soleil de juin que les faucheurs le coupent et que les faneurs et les faneuses le retournent et le sèchent. Comme dit la chanson :

> Prends ta faux, ton bidon pour boire,
> Prends ton marteau, ta pierre noire,
> Faucheur! car c'est en juin
> Qu'on récolte le foin.

Qu'est-ce donc que l'herbe des prés? Il faut dire d'abord : *les herbes*, et c'est le cas de dire « toutes les herbes de la Saint-Jean ».

Il y a dans le foin une multitude de petites plantes tendres, et la médecine en utilise beaucoup pour faire des tisanes.

Récolte du foin.

Mais, ce qui domine, ce sont les petites « graminées » sauvages, plantes dont les feuilles en ruban pointu et les fleurs de la couleur verdâtre rappellent l'épi de blé et la grappe d'avoine. Celles-ci sont également de précieuses graminées, mais plus grandes, à plus grosses graines, qu'on cultive et moissonne dans les champs.

Graminées de l'herbe.

Dans les prés, avec les *herbes* en ruban se mélangent toujours des herbes à fleurs colorées et

à feuilles arrondies, dont les pàquerettes sont les
plus jolies. Mais il y en a de meilleures pour les
bestiaux, comme les trèfles, les sainfoins, les
luzernes; et elles sont souvent cultivées à part dans
des champs labourés qu'on appelle des *prairies
artificielles.*

Trèfle.   Sainfoin.   Luzerne.

Si les bestiaux sont la principale richesse du
cultivateur, les prairies naturelles ou artificielles
qui les nourrissent sont la première nécessité de
l'agriculture.

Résumé.

Les prairies qui nourrissent les bestiaux s'étalent
autour des sources, le long des ruisseaux et des
rivières.

Le foin qu'on y récolte contient des herbes en
rubans qui sont des « graminées » comme le blé et
l'avoine, mais plus petites, et des herbes à fleurs, très
variées, dont on cultive à part les meilleures espèces,
trèfle, sainfoin, luzerne, dans les champs labourés,
comme prairies artificielles.

3.

XXVIIe LECTURE

Les Moissons : Cultures des champs.

A côté des plantes sauvages des pâturages et des prairies sont les plantes cultivées des champs, qu'on laboure et qu'on ensemence tous les ans. La récolte est ici de plus d'importance, parce que les plantes cultivées doivent pouvoir payer les travaux de leur culture.

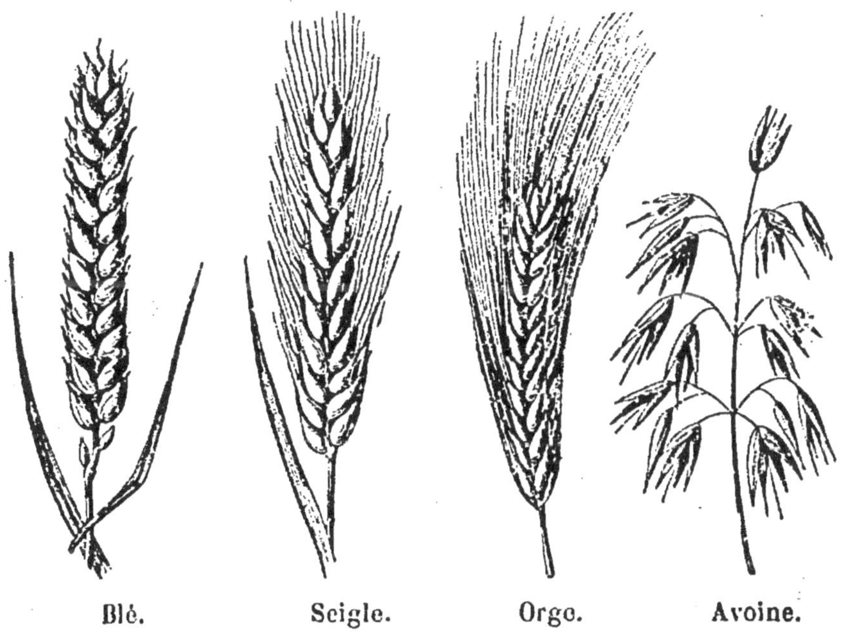

Les principales sont encore des « graminées », mais des graminées à forte paille et à graines nombreuses et nourrissantes, qu'on appelle *céréales*. Ce nom vient de ce que les anciens païens avaient inventé pour elles une déesse : Cérès.

La plus précieuse des céréales est le **blé** ou *froment*. C'est la farine de son grain qui nous donne le *pain*, le bon pain blanc que nous sommes heureux d'avoir tous aujourd'hui en quantité, car nos aïeux n'avaient que le pain bis du seigle, le pain noir de l'orge et de l'avoine, la bouillie du maïs ou du sarrasin.

Il n'y a plus guère de pain noir aujourd'hui ; l'orge sert à faire de la bière, et l'avoine est consommée par les chevaux.

C'est la récolte des céréales qui mérite surtout le nom de la « moisson ».

La moisson.

La moisson de juillet et d'août est à la fois un des grands travaux et une des grandes fêtes de la campagne. La campagne a cela de bon, mes enfants, que le travail y est joyeux.

Ce n'est pas dans l'industrie des villes qu'on peut voir la joie faire oublier la fatigue, comme à la fin de nos moissons.

Avec les céréales, on cultive aujourd'hui en grands, dans les champs, beaucoup d'autres plantes utiles, les pommes de terre en première ligne, puis les betteraves,

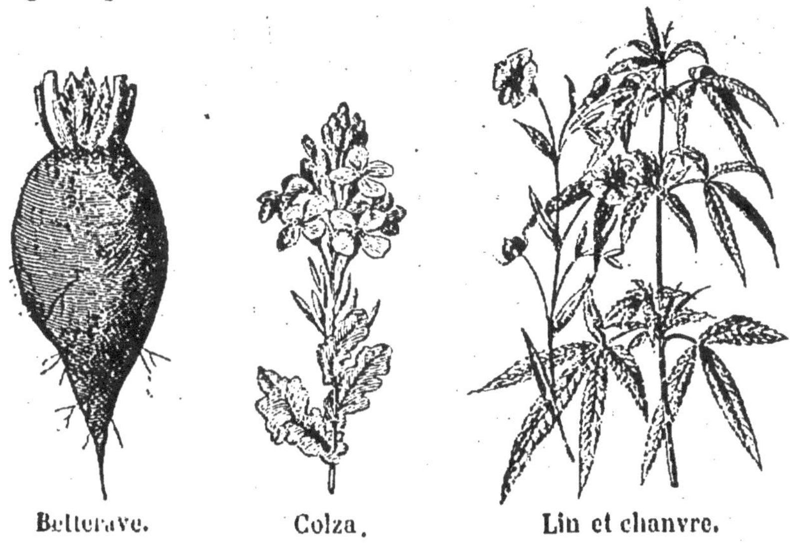

Betterave.   Colza.   Lin et chanvre.

ces énormes racines si précieuses pour les bestiaux et pour le sucre, puis le colza pour faire de

Jardin potager.

l'huile, le lin et le chanvre pour faire de la toile,

toile, le houblon pour la bière, le tabac, etc.

Dans le voisinage des grandes villes surtout, les plantes cultivées en grand dans les champs deviennent presque les mêmes que dans nos grands jardins potagers.

Ce sont d'abord tous les légumes du marché : les pois et les haricots, les fèves et les lentilles; puis, les racines alimentaires : les navets et les carottes, les panais et les radis; puis viennent les plantes dont on mange les feuilles, les choux de toutes sortes, les poireaux et oignons, les épinards et toutes les salades.

Les grands cultivateurs récoltent même souvent aujourd'hui en plein champ les fraises, les groseilles, les melons, etc., en un mot, tout ce que les jardiniers et les simples amateurs obtiennent dans leurs jardins légumiers.

Résumé.

Les plantes cultivées des champs, qu'il faut labourer et ensemencer, sont avant tout les céréales, base de notre alimentation : d'abord le blé ou froment, puis l'orge, le seigle, l'avoine, le maïs; puis le sarrasin et les pommes de terre.

On cultive aussi dans les champs, des plantes industrielles, betteraves, colzas, lins, chanvres, etc., et pour les marchés des grandes villes, tous les légumes, racines, choux et salades, toutes les plantes basses des jardins potagers.

XXVIIIe LECTURE

Pommiers et vignes.

Dans nos petits jardins, fermés de murs ou de bonnes haies,. nous cultivons, avec toutes ces plantes de petite taille dont nous parlions l'autre jour, des arbres fruitiers de choix, qui nous donnent ces jolies cerises que vous aimez tant, ces prunes et ces pêches délicieuses, ces abricots, ces poires fondantes, ces pommes aigrelettes, ces raisins sucrés, qui sont la ressource et la joie de nos desserts.

Mais il y a une nécessité qui exige la culture en grand de certains de ces fruits, moins choisis peut-être, mais en grande abondance, c'est celle de nos boissons.

En France, nous nous adressons surtout, pour ce besoin, à deux de nos arbres fruitiers, le pommier et la vigne.

Des pommes on retire le **cidre**, boisson de la France du Nord et de l'Ouest et du Massif central.

Du raisin on retire le **vin**, boisson de la France plus chaude des vallées du Centre et du Midi.

L'excellent vin qu'on sait faire en quelques parties de notre pays, et qui fait connaître au monde entier les noms français de Bordeaux, Bourgogne et Champagne, a fait peut-être un peu detort, même chez nous, au cidre qui fut jadis la boisson de nos aïeux les Gaulois

Récolte de pommes et fabrication du cidre.

Les pommiers innombrables plantés dans les vergers, les prés et les champs de Normandie, de Bretagne et d'ailleurs, pourraient acquérir la valeur des vignobles du Midi si nos cultivateurs savaient mettre à faire le cidre le même soin, le même art qu'on met à faire ces bons vins de France qui font le tour du monde.

Les maladies qui ont ravagé nos vignes, et la concurrence que font à nos vins ceux d'autres pays chauds, ramènent en ce moment l'attention vers le cidre. Il commence à remplacer à Paris la bière, boisson artificielle fabriquée avec le *moût* d'orge germée, aromatisé par le houblon.

Le pommier, bel arbre arrondi, qui semble un bouquet neigeux, quand il est couvert en avril de ses fleurs roses et blanches, donnera tous les ans des pommes s'il y a partout des ruches d'abeilles pour aider à faire nouer ses fleurs.

La vigne, arbre grimpant dont nos vignerons font par la taille un arbrisseau sarmenteux, réussit

Vendange.

dans des terrains sableux et caillouteux, et sur des pentes impropres à d'autres cultures; mais à la condition de soins journaliers et intelligents.

C'est surtout le bon vigneron qui fait le bon vin.

Nous ne pouvons terminer par un plus profitable proverbe notre petit tableau de la nature végétale.

Résumé.

Deux arbres fruitiers, le pommier et la vigne, nous fournissent nos deux boissons nationales, le cidre et le vin. Le vin, fait avec beaucoup plus de soin et d'art en France, est une des plus grandes richesses de notre agriculture. Il pourrait en être de même du cidre.

XXIXe LECTURE

Les minéraux.

Nous ne nous sommes occupées jusqu'ici, dans nos petits entretiens, que des hommes, des animaux et des végétaux, c'est-à-dire des êtres qui ont la **vie**, à un plus ou moins haut degré ; les végétaux ne vivent guère que pour se nourrir et grandir ; les animaux ont de plus le sentiment et le mouvement, et les hommes l'intelligence d'une âme faite à l'image du Créateur.

Mais il y a au monde des choses qui n'ont pas la vie, et même qui ne sont pas faites avec une matière ayant eu la vie, comme seraient le bois, l'os, le cuir, les étoffes, qu'on appelle matières *animales* ou *végétales*.

Il y a, par exemple, les pierres, les métaux, qui ne changent pas, qui ne poussent pas, qui ne meurent pas, qui sont les mêmes dans tous les points de leur masse. On les appelle matières *minérales* ou **minéraux**, parce qu'on en tire beaucoup des cavités creusées dans la terre, qu'on appelle des *mines*.

Ce ne sont pas seulement les métaux et les pierres solides qui sont de la matière sans vie, de la matière brute, il faut y comprendre aussi l'*eau*, et d'autres corps liquides, comme aussi l'*air*, et d'autres corps gazeux.

Il y a un caractère curieux de la matière minérale pure, isolée, quand elle prend l'état solide, en se déposant lentement d'un liquide, par exemple. Elle a toujours une forme régulière, avec des facettes planes, polies, des angles constants : c'est ce qu'on appelle des **cristaux**. Il ne s'agit pas là de cristaux artificiels de verre taillé qui sont des faux cristaux ; mais des

Cristaux de roche naturels.

cristaux naturels, très jolis aussi, puisqu'on appelle

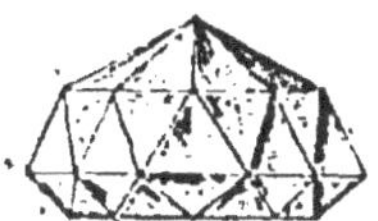
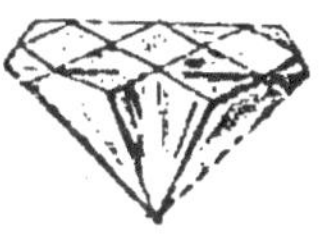

Cristaux artificiels, diamants taillés.

pierres précieuses les pierres très dures qui les offrent et dont les bijoutiers font des parures pour les dames.

Il y a aussi des cristaux très

Diamant brut.

ordinaires qu'on nomme les sels, comme le gros

sel de cuisine qui a naturellement la forme de petits cubes. Vous connaissez les cristaux de soude, le salpêtre, peut-être le cristal de roche.

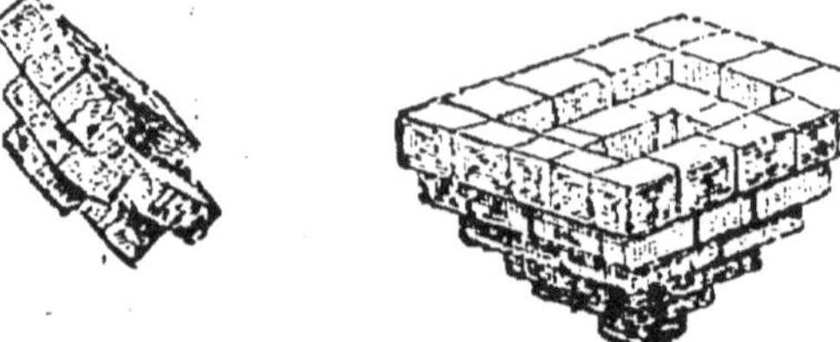

Cristaux et trémies de sel de cuisine, grossis à la loupe.

Les drogues peuvent être garanties pures quand elles sont cristallisées.

Enfin la glace elle-même cristallise.

On pourra vous montrer à la loupe, quand il fera froid,

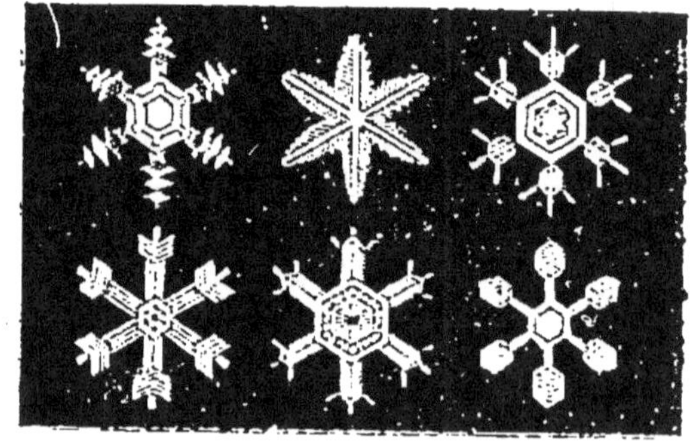

Cristaux de neige, grossis à la loupe.

les jolies étoiles que forment la neige et le givre.

Résumé

Après les êtres vivants, animaux et végétaux, viennent les minéraux, ou matières brutes, sans vie, comme les pierres ou les métaux.

Les minéraux purs ont la propriété de se solidifier sous la forme régulière de cristaux, à facettes planes et brillantes.

XXXe LECTURE

La terre labourable et le sous-sol.

La matière minérale la plus intéressante pour nous est la **terre**, qui porte les plantes et nourrit leurs racines de l'eau qu'elle a filtrée.

La terre végétale ou *labourable*, comme on la nomme, forme à la surface du sol une couche noir-brunâtre peu épaisse. Elle n'est pas entière-

Coupe montrant les coupes du sous-sol.

ment minérale, car ce qui la noircit, ce sont les débris, les restes pourris des êtres vivants qui ont vécu sur elle.

Mais dessous, il y a le **sous-sol** qui est bien minéral.

Le sous-sol est formé de roches naturelles, disposées ordinairement en couches plus ou moins régulièrement superposées ; mais leur surface a été brisée, mélangée et remaniée, le plus souvent par l'action de l'eau.

De ces matières rocheuses si variables, il y en a surtout trois mélangées dans le sol : le **calcaire**, la **silice** et l'**argile**.

Dans les plaines, la plus commune est le *calcaire* ou *pierre à chaux* qu'on appelle *pierre à*

Marbre.

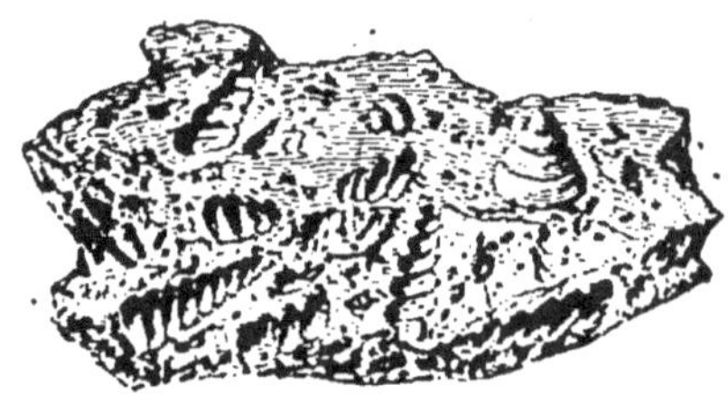

Calcaire.

bâtir quand elle est un peu dure, *craie* quand elle est tendre, *marbre* quand elle est compacte et veinée.

Une autre pierre commune est la **silice**, beaucoup plus dure, rayant l'acier d'un couteau que le calcaire ne raye pas. Les *silex*, ou pierres à fusil, et les pierres *meulières* sont de la silice ; le *grès* aussi, qui n'est que du *sable* aggloméré, collé.

Voici d'où vient le sable.

Dans les pays de collines ou de montagnes, on trouve souvent une roche grenue très dure qu'on appelle *granite*. C'est cette roche, décomposée et entraînée par l'eau, qui laisse comme débris des grains très durs de **sable**

Granite.

plus ou moins fin, que les vagues lavent et roulent sur le rivage des mers, des lacs et des rivières. Une autre substance de la roche, que l'eau emporte, puis laisse déposer, est une poussière très fine, qui fait pâte avec l'eau, qui se pétrit facilement, et qu'on nomme l'**argile**.

C'est l'*argile* surtout qui porte le nom de *terre*.

La plus pure est la *terre* blanche, à porcelaine; mais elle est presque toujours salie, mélangée et colorée; c'est alors la terre glaise, la terre à poteries, à faïence, à briques, suivant sa pureté.

L'argile est donc l'élément principal de la terre végétale; celui qui retient l'eau, celui qui fait la boue, quand on le piétine humide.

La bonne terre doit contenir à la fois les trois éléments, argile, calcaire, sable, parce qu'elle doit pouvoir donner aux racines des plantes *à la fois l'air et l'eau.*

Travaillez, prenez de la peine.

Elle doit être mouillée sans être noyée. L'argile y maintient l'humidité, mais le sable et le calcaire y maintiennent des fentes ou des petits trous par où l'eau s'écoule, par où arrive l'air, et par où les racines s'allongent.

Mais aussi, et nous y reviendrons plus tard, la

partie noire de la terre, qui vient de la destruction des êtres vivants, doit être renouvelée par les **engrais**.

Toujours est-il que la meilleure terre pour les plantes est la mieux mélangée, la plus remuée, la plus retournée par la bêche ou la charrue.

C'est de la terre que la fable dit aux cultivateurs :

> Travaillez, prenez de la peine,
> C'est le fonds qui manque le moins.

Résumé.

La terre végétale contient, avec le résidu noirâtre des plantes et des animaux qui y ont vécu, le mélange pulvérisé des roches du sous-sol, qui sont surtout le calcaire, la silice et l'argile. La silice à l'état de sable et l'argile viennent de la décomposition du granite.

Il faut aux racines à la fois l'eau et l'air. L'eau est gardée par l'argile et égouttée par les petits espaces qu'entretiennent les grains de sable et de calcaire, et qui laissent pénétrer l'air et les racines. La meilleure terre est la mieux travaillée.

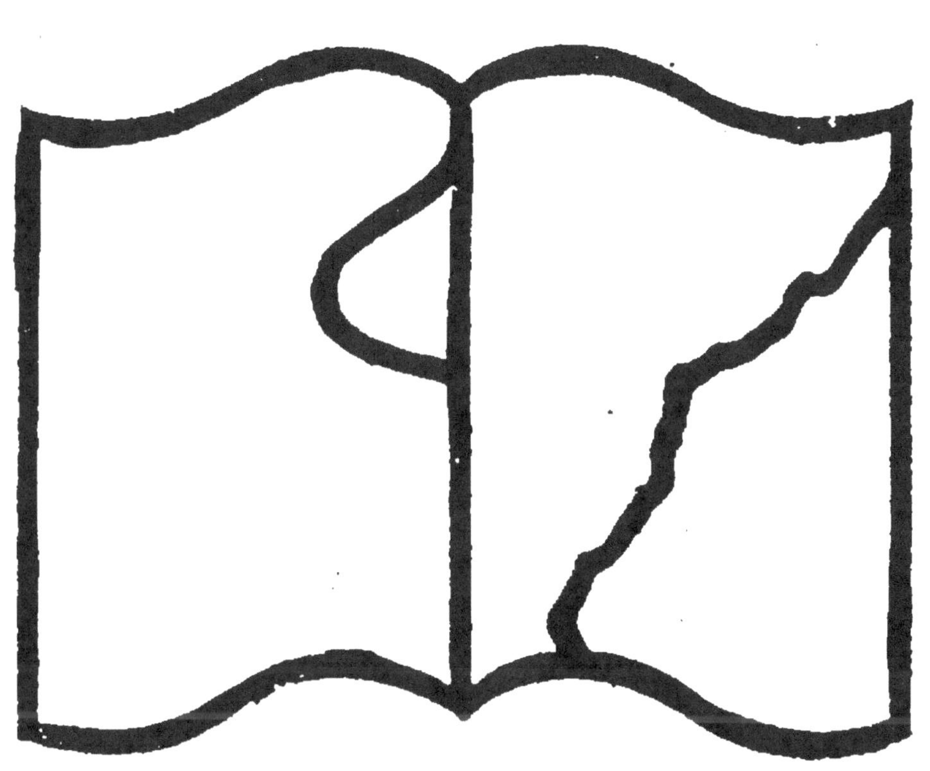

Texte détérioré — reliure défectueuse

NF Z 43-120-11

TABLE DES MATIÈRES

Tours. — Imp. DESLIS Frères.